Wenn sich die Tore deines Herzens öffnen

KHALIL
GIBRAN

Wenn sich die Tore deines Herzens öffnen

Vom Aufbrechen und Neubeginnen

Ausgewählt von Thomas Nahrmann

Patmos Verlag

Inhalt

Sei gegrüßt, du Leben! Sei gegrüßt, du Erwachen! Sei gegrüßt, du Vision!

Dich grüße ich, o Tag, dessen Licht die Dunkelheit der Erde besiegte, und dich grüße ich, o Nacht, deren Dunkelheit das Licht des Firmaments offenbart!

Friede sei dir, o Frühling, der die Jugend der Erde erneuert!

Eine Träne und ein Lächeln, 412

Vorwort

Aufbrechen und Neubeginnen – das Thema durchzieht das Werk Khalil Gibrans wie ein roter Faden, denn sein eigenes Leben war vor allem in jungen Jahren von zahlreichen Aufbrüchen geprägt: Mit zwölf Jahren verließ er 1895 mit seiner Mutter, den Schwestern und seinem Halbbruder Butros seine Heimat, den Libanon, und immigrierte in die USA, nach Boston. Doch bereits zwei Jahre später kehrte er in den Libanon zurück, um dort Kunst, Französisch und arabische Literatur zu studieren. Wiederum zwei Jahre später übersiedelte er 1899 nach einem Aufenthalt in Europa wieder nach Boston. Ab 1908 studierte er in Paris Kunst bei Auguste Rodin und europäische Literatur. 1912 ließ er sich schließlich in New York nieder. – Ein Lebenslauf, der sich heute noch so ereignen könnte, denn von jungen Menschen, die sich in Studium und Ausbildung befinden und sich die besten Berufschancen sichern möchten, wird nicht weniger an Flexibilität und Bereitschaft erwartet, neu zu beginnen.

Aufbrechen und Neubeginnen – was das bedeutet, zeigt uns auch Jahr um Jahr die Natur, wenn im Frühling alles zu blühen beginnt, die ersten warmen Sonnenstrahlen das Leben wiedererwecken und die Liebe entfachen. Khalil Gibran pflegte eine enge Beziehung zur Natur, die sich vor allem in einer tiefen Verbundenheit mit der Landschaft seiner libanesischen Heimat ausdrückt.

Aufbrechen und Neubeginnen setzen aber auch eine kräftige Portion Neugier und Mut voraus, die unbedingt zu bewahren sind. Man kann sich nie sicher sein, wohin die Reise geht. Einen einfachen, klaren und deshalb vielleicht einen der schönsten Sätze, den ich dazu für dieses Lesebuch in Gibrans Werk »Rebellische Geister« gefunden habe, lautet: »Komm, öffnen wir die Tür und schauen wir nach!«

Thomas Nahrmann

Wenn sich die Tore
deines Herzens öffnen

In einer klaren Nacht öffnete ich die Fenster und Tore meiner Seele und trat hinaus, reich an Wünschen und gefesselt durch die Bande meiner Eigenliebe. Ich sah dich, Erde, die Sterne beobachten, die dich anlächelten. Da wurde ich frei von meinen Fesseln und Lasten und mir wurde bewusst, dass dein Kosmos der Zufluchtsort für unsere Seele ist. Du vernichtetest und vertriebst das Vertrocknete und Verwelkte in dir, damit es dem Neuen Platz mache und das Schwache und Veraltete durch Stärke ersetze.

Erde und Seele, 791

Ich, die Herrin der Phantasie, habe dich, o Mensch, an diesen Platz gerufen. Hör meine Empfehlungen, und verkünde sie aller Welt:

Sag ihnen, dass die Stadt der Phantasie eine Hochzeit ist; ihre Tore werden von einem Riesen bewacht, der niemanden einlässt, der kein Hochzeitsgewand trägt. Sie ist ein Paradies, dessen Wächter der Engel der Liebe ist; niemand kann sie betreten, der nicht auf seiner Stirn das Zeichen der Liebe trägt.

Eine Träne und ein Lächeln, 363

Die Tore seines Herzens öffneten sich weit und ließen seiner Freude freien Lauf.

Der Prophet, 883

Unser Herz mit seinen mannigfachen Gefühlen gleicht der Zeder mit ihren verschiedenen Ästen. Wenn sie eines starken Astes beraubt wird, leidet sie darunter, doch sie geht daran nicht zugrunde, denn sie wird alle Lebenskräfte auf den benachbarten Ast übertragen, damit dieser wächst und emporragt und sich anstelle des fehlenden Astes neue grüne, saftige Zweige bilden.

Gebrochene Flügel, 249

Wenn du das Ende von dem erreichst, was du wissen solltest, stehst du am Anfang dessen, was du fühlen solltest.

Sand und Schaum, 964

Solltest du wirklich deine Augen öffnen und sehen, du würdest dein Ebenbild in allen Bildern erblicken.

Und solltest du deine Ohren öffnen und hören, du würdest deine eigene Stimme in allen Stimmen hören.

Sand und Schaum, 944

Gott hat der Wahrheit mehrere Tore gegeben, und er öffnet sie demjenigen, der mit der Hand des Glaubens daran klopft.

Erde und Seele, 841

Diese Jugend, die mit deinen Gefühlen spielt, ist diejenige, die die Tür deines Herzens öffnen will, um das Licht einzulassen.

Eine Träne und ein Lächeln, 340

Ich war im Zweifel über den Wert meiner Handlungen, bis jemand kam, der sie rühmte und rügte. Doch jetzt habe ich erfahren, dass die Bäume im Frühling blühen und im Sommer ihre Früchte reifen, ohne dass sie danach trachten, gelobt zu werden. Und sie verlieren ihre Blätter im Herbst, sind nackt und entblößt im Winter, ohne einen Tadel zu fürchten.

Meine Seele mahnte und lehrte mich und bestätigte mir, dass ich nicht höher gestellt bin als die Bettler und nicht weniger wert bin als die Großen und Mächtigen der Erde.

Erde und Seele, 775

Steh auf, mein Herz,
denn die Nacht ist vorbei

Komm, öffnen wir die Tür und schauen wir nach!

Rebellische Geister, 130

Komm, steh auf, folgen wir der Lichtsäule, die uns aus dieser dürren Wüste führen wird zu den Feldern, wo Blumen und duftende Kräuter wachsen!

Gebrochene Flügel, 266

Ich habe es weniger eilig als der Wind; doch muss ich aufbrechen.

Wir Wanderer, die immer den einsameren Weg suchen, wir beginnen keinen Tag, wo wir den vorausgegangenen beendet haben; und keine Morgenröte trifft uns da, wo der Sonnenuntergang uns verließ.

Der Prophet, 925

Komm, lass uns in den Garten gehen und uns unter die Bäume setzen, um den Mond hinter den Bergen aufgehen zu sehen.

Gebrochene Flügel, 209

Komm, mein Freund, versuchen wir, uns unsere Zukunft auszumalen, bevor sie uns ihre Ängste und Schrecken aufbürdet.

Gebrochene Flügel, 225

Komm!«, entgegnete das Leben, »nur der Unwissende blickt zurück zur Stadt der Vergangenheit.«

Eine Träne und ein Lächeln, 379

Mein Haus sagte zu mir: »Verlass mich nicht, denn hier wohnt deine Vergangenheit.«

Und die Straße sagte zu mir: »Komm und folge mir, denn ich bin deine Zukunft.«

Und ich sage zu beiden, zu meinem Haus und zu der Straße: »Ich habe weder Vergangenheit noch habe ich Zukunft. Wenn ich hier bleibe, ist ein Gehen in meinem Verweilen; und wenn ich gehe, ist ein Verweilen in meinem Gang. Nur Liebe und Tod ändern die Dinge.«

Sand und Schaum, 941

Komm, lass uns ein wenig zwischen den Hügeln und Hängen spazieren gehen; wir waren nun lang genug in diesen vier Wänden.

Erde und Seele, 759

Sieh die Jungen und Mädchen in die Weinberge wandern!

Willst du nicht aufstehen und dich ihnen anschließen?

Steh auf mein Herz, erheb dich mit dem Morgenrot, denn die Nacht ist vorbei, und die Ängste der Nacht sind mit den Albträumen verschwunden!

Die Stürme, 585

Ich arbeite jeden Tag. In diesem Winter wird vieles aus meinem Herzen hervorgehen. Oh, Mary, ich wünschte, ich könnte mein Herz aufbrechen, um Dinge so zu äußern, wie ich es wünsche. Menschliche Hände sind dumm, scheu und unwissend. Unser Herz ist besser als seine Bilder und zwischen ihnen und unseren Händen liegen tausend Schleier.

An Mary Haskell, Briefe 137

Wenn ihr aber nichts von alledem vorfindet, dann denkt daran, dass ihr eine meiner Wüsten durchquert habt. Kommt, lasst uns weitergehen!

Jesus Menschensohn, 1050

Wenn uns auf halbem Weg die Angst übermannt und uns am Weitergehen hindert, müssten wir uns das Hohngelächter der Nachtgespenster anhören.

Wenn wir aber den Gipfel des Berges erreichen, werden die himmlischen Geister mit uns in Siegeshymnen einstimmen.

Gebrochene Flügel, 244–245

Der April kam, und mit ihm hielt der Frühling Einzug zwischen Hügeln und Tälern. Auch für Salma näherte sich die Zeit, da sie ihr Erstgeborenes zur Welt bringen sollte. Es war, als hätte sie eine Vereinbarung mit der Natur getroffen über den Zeitpunkt der Geburt, denn auch die Natur brachte jetzt ihre Blumen zur Welt und wickelte Pflanzen, Kräuter und Blüten in die Windeln ihrer Wärme ein.

Gebrochene Flügel, 274

Das Neugeborene kommt aus einer unbekannten Welt auf unsere Erde. Eltern und Verwandte heißen den Nachwuchs mit Freudenrufen und Liedern des Entzückens willkommen, als wollten sie ihn gleich nach seiner Ankunft durch Musik mit der göttlichen Weisheit vertraut machen. Der Säugling erwidert den Willkommensgruß mit Geschrei.

Die Musik, 18

Sie werden mit der Frische ihrer Jugend aufbrechen und unser Leben reklamieren.

Zwischen Nacht und Morgen, 1328

Lass uns im Schatten dieser Nacht zur Küste gehen, wir werden dort ein Schiff nehmen, das uns übers Meer bringt, und an neuen Gestaden werden wir ein neues Leben beginnen in Aufrichtigkeit, Reinheit und gegenseitigem Einverständnis.

Gebrochene Flügel, 265

Eine neue Wahrnehmung tauchte aus dem Nichts auf – oder vielleicht doch von irgendwoher? Sie bemächtigte sich seiner, bis sie sein ganzes Sein umfing und seine Seele in Ekstase versetzte.

Die Nymphen der Täler, 36

Seine Worte wecken einen neuen Geist in mir, denn eine unbekannte Macht spricht aus ihm.

Die Nymphen der Täler, 68

Lasst uns nun nach Hause gehen, um uns auszuruhen und den Morgen zu erwarten, der uns neue Begegnungen schenkt.« Die Menge verstreute sich. Ein jeder ging heim, darüber nachdenkend, was er gesehen und gehört hatte, und jeder von ihnen spürte die Berührung eines neuen Lebens im Innersten seiner Seele.

Rebellische Geister, 180

Ich weiß es nicht, ich weiß nur, dass ich an diesem Abend etwas fühlte, was ich nie zuvor gefühlt hatte. Es war ein neues Gefühl, das mein Herz mit Ruhe erfüllte, vergleichbar dem Schweben des Geistes über den Wassern zu Anbeginn der Zeit.

Gebrochene Flügel, 201–202

Mein Leben verläuft ruhig. Es gibt wenig außer der Arbeit und Spaziergängen. Ich habe keine Lust, Menschen zu sehen; es kommt mir vor, als ob ich auf etwas Neues und Seltenes warte, das die noch nicht entbrannte Seite meiner Seele entflammen wird.

An Mary Haskell, Briefe 97

Ich habe diese Bilder gemalt – und habe mit ihnen abgeschlossen. Sie gehören meiner Vergangenheit an. Mein ganzes Sein ist jetzt auf einen Neuanfang ausgerichtet.

An Mary Haskell, Briefe 125

Es wurde für diejenigen geschrieben, die glauben, dass eine Niederlage das Ende ist, dabei ist sie in Wirklichkeit ein Neubeginn.

An Corine Roosevelt-Robinson, Briefe 282

Ich sah drei Geister auf einem nahen Felsen sitzen. Die Schleier des Nebels verhüllten sie teilweise. Ich näherte mich ihnen willenlos, so als ginge von ihnen eine magnetische Kraft aus. Ein paar Schritte von ihnen entfernt blieb ich wie gebannt stehen.

Da erhob sich einer der Geister und sagte mit einer Stimme, die aus der Tiefe des Meeres zu kommen schien: »Das Leben ohne Liebe ist wie ein Baum ohne Blüten und Früchte. Die Liebe ohne Schönheit ist wie Blumen ohne Duft. Leben, Liebe und Schönheit sind drei Wesen in einem einzigen, die weder ausgetauscht noch voneinander getrennt werden können.« Nach diesen Worten setzte die Erscheinung sich wieder auf ihren Platz.

Der zweite Geist erhob sich und sagte mit einer Stimme, die dem Rauschen eines Wasserfalls glich: »Das Leben ohne Rebellion gleicht den Jahreszeiten ohne Frühling. Die Rebellion ohne Recht ist wie ein Frühling in trockener und unfruchtbarer Wüste. Leben, Rebellion und Recht sind drei Wesen in einem einzigen, die weder ausgetauscht noch voneinander getrennt werden können.«

Schließlich erhob sich der dritte Geist und sagte mit einer Stimme, die dem Dröhnen des Donners nahe kam: »Leben ohne Freiheit ist wie ein Körper ohne

Seele. Freiheit ohne Denken aber ist wie ein verwirrter Geist. Leben, Freiheit und Denken sind ein einziges Wesen, dessen Elemente weder austauschbar noch trennbar sind.«

Dann erhoben sich alle drei Phantome und sagten mit Furcht einflößenden Stimmen: »Die Liebe und was sie gebiert, die Rebellion und was sie hervorbringt, die Freiheit und was sie wachsen lässt, sind drei Aspekte Gottes. Und Gott ist das Gewissen der vernünftigen Welt.«

Die Stürme, 598–599

Ihr fragt Euch jetzt sicher: Wann haben wir geschrien, weil wir unterdrückt waren? Wer von uns hätte je den Mut besessen, seinen Mund zu öffnen?

Rebellische Geister, 161

Zur Zeit gibt es im Orient zwei einander bekämpfende Denkweisen: das alte Denken und das neue Denken. Das alte Denken wird überwunden werden, denn seine Kräfte haben sich erschöpft und sein Lebenswille ist versiegt.

Im Orient macht sich ein Erwachen bemerkbar, das dem Schlaf zu entrinnen sucht. Der Zustand des Wachens wird schließlich der Sieger sein, denn die Sonne ist sein Führer und das Morgenrot ist seine Armee.

Erde und Seele, 821

Ich möchte mein Herz öffnen und es in meinen Händen tragen, sodass andere es ebenfalls wissen können, denn es gibt keinen größeren Wunsch als den, sich zu offenbaren. Wir alle wünschen, dass das kleine Licht in uns unter dem Scheffel hervorgeholt wird.

An Mary Haskell, Briefe 79

Deshalb möchte ich dir mein Herz öffnen, damit du meine inneren Beweggründe kennenlernst.

Rebellische Geister, 81

Komm,
folgen wir dem Frühling
in die weiten Felder

Komm, meine Geliebte, lass uns über den Morgentau laufen! Der Schnee schmilzt schon, das Leben erwacht auf seinem Ruhelager und schwingt sich in die Täler.

Komm, folgen wir dem Frühling in die weiten Felder!

Steigen wir auf die Gipfel und betrachten die blühenden Täler!

Der Frühlingsmorgen hat sein prächtiges Gewand entfaltet, während die Nacht des Winters das ihre ablegte. Er warf es den Pfirsich- und Apfelbäumen über, und nun sehen sie aus wie Bräute in ihrer Hochzeitsnacht.

Die Weinreben sprießen, ihre Äste und Zweige umarmen sich wie Verliebte. Die Bäche tanzen im Felsgestein und stimmen in den Freudengesang ein. Aus dem Herzen der Natur quellen Blüten und Blumen hervor wie aus dem Meer die Gischt.

Komm, lass uns die Tränen des Himmels aus den Kelchen der Narzissen trinken, lauschen wir den Liedern der Vögel und atmen die Düfte ein, die jede Brise austeilt.

Komm, setzen wir uns zu den Veilchen an diesem Felsen, und schenken wir uns den Kuss der Liebe!

Eine Träne und ein Lächeln, 289

Der Frühling kam, und der Schnee verschwand von Feldern und Weiden; auch auf den Gipfeln der Berge begann das Eis zu schmelzen und ergoss sich in Sturzbächen hinunter ins Tal. Das Rauschen der Bäche und Flüsse verkündete allerorten das Erwachen der Natur. Mandelbäume und Apfelbäume standen in Blüte, und auf den Hügeln zeigten sich die ersten Blumen und Kräuter.

Die Nymphen der Täler, 55

Der Wind wird ihre Fußspuren im Schnee verwehen.

Der Schnee wird schmelzen. Dann kehrt der Frühling zurück, mein Freund, und alle Blumen aller Felder werden ihre Augen öffnen, um die Sonne zu sehen.

Der Blinde, 1302

Ihr seid wie nackte Bäume, gebeugt unter der schweren Last des winterlichen Schnees. Bald wird der Frühling kommen und euch mit frischen, grünen Blättern bekleiden.

Eine Träne und ein Lächeln, 349

Im Herbst sammelte ich alle meine Sorgen und vergrub sie in meinem Garten.

Und als der April wiederkehrte und der Frühling kam, die Erde zu heiraten, da wuchsen in meinem Garten schöne Blumen, nicht zu vergleichen mit allen anderen Blumen.

Und meine Nachbarn kamen, um sie anzuschauen, und sie sagten zu mir: »Willst du uns, wenn der Herbst wiederkommt, zur Saatzeit, nicht auch Samen dieser Blumen geben, damit wir sie in unseren Gärten haben?«

Sand und Schaum, 974

Aber der Frühling ist da, und selbst wenn ein Schleier von Trauer ihn bedeckt, so ist es dennoch Frühling.

Sprechen wir nicht mehr über Sorgen und Kummer!

Lass uns lieber beides dankbar annehmen, sowohl unseren Frühling als auch unsere Trauer!

Lazarus und seine Geliebte, 1274

Wer aber den Frühling sucht, ohne den Winter zu erdulden, wird ihn nicht finden!

Die Stürme, 613

Betrachtet das Erwachen des Frühlings und das Erscheinen der Morgenröte! Die Schönheit offenbart sich denjenigen, die betrachten.

Lauscht dem Lied der Vögel, dem Rascheln der Zweige und dem Rauschen der Flüsse, denn die Schönheit offenbart sich denjenigen, die lauschen.

Meditiert die Unschuld des Kindes, die Anmut der Jugend, die Kraft des Erwachsenen und die Weisheit des Alters! Die Schönheit zeigt sich denjenigen, die meditieren.

Eine Träne und ein Lächeln, 313

Diese Frühlingstage machen mich ruhelos. Sie erfüllen mich mit einem Hunger nach etwas, was mir unbekannt ist. Ich wollte, ich könnte auf die Felder gehen und mit den Blumen wachsen.

An Mary Haskell, Briefe 103

Der Frühling kam, löste die Zungen der Bäche und Ströme und erfreute durch ihr Geplauder das Herz der Menschen; die Natur lächelte von den Lippen der Blumen und beglückte so der Menschen Seelen.

Eine Träne und ein Lächeln, 386

Im Frühling werde ich Seite an Seite mit der Liebe in die Natur wandern; singend werden wir Täler und Hügel durchstreifen und die Spuren des Lebens suchen, in denen Veilchen und Anemonen wachsen, und wir werden den Regen aus den Kelchen der Narzissen und Lilien trinken.

Im Sommer werden die Liebe und ich unsere Häupter auf gebündeltes Stroh betten, das Gras wird unser Lager sein und der Himmel unsere Decke, und wir werden mit Mond und Sternen wachen.

Gebrochene Flügel, 231

Im Frühling stand meine Seele in Blüten, und im Sommer trug sie Früchte.

Die Stürme, 581

Sie aber bleibt ruhig und zuversichtlich; der Frühling bleibt für sie ein Frühling und der Herbst ein Herbst!

Gebrochene Flügel, 228

Auf einem Feld sah ich einmal eine Eichel, ein scheinbar nutzloses und unscheinbares Ding.

Als ich aber im Frühling wiederkam, hatte die Eichel Wurzeln geschlagen und streckte sich zur Sonne aus; es war der Beginn eines mächtigen Eichenbaums.

Jesus Menschensohn, 1051

Der Winter der Welt geht vorüber«, gab ich zu bedenken, »und danach kommt ein herrlicher Frühling, und auf den Feldern blühen die Blumen, und die Flüsse singen in den Tälern.«

Er runzelte die Stirn und sagte mit einem Seufzer: »Ich weiß nicht, ob Gott das menschliche Leben, das eine Ewigkeit dauert, in Jahreszeiten einteilt, die den Jahreszeiten in der Natur in ihrer Abfolge gleichen.«

Die Stürme, 635

Alljährlich wartete ich auf den Frühling, um in dieses Tal zu kommen; ich erwartete die Lilien und Alpenveilchen. Und doch war meine Seele in all den Jahren betrübt, denn ich wollte mich mit dem Frühling freuen und vermochte es nicht.

Doch als Jesus in meine Jahreszeiten kam, da war Er selbst der Frühling, und Er war das Frühlingsversprechen für alle kommenden Jahre. Er erfüllte mein Herz mit Freude, und ich hüllte mein kleines ängstliches Ich wie ein Veilchen in das Licht Seiner Ankunft ein.

Jesus Menschensohn, 1034

Im Frühling dieses denkwürdigen Jahres hielt ich mich in Beirut auf. Der April ließ die Blumen und das Gras blühen und sprießen, und in den Gärten der Stadt erschienen die Blüten wie Geheimnisse, welche die Erde dem Himmel anvertraut. Mandel- und Apfelbäume trugen weiße, duftende Gewänder und nahmen sich zwischen den Häusern wie Nymphen in schneeweißen Kleidern aus, wie Himmelsbräute, die Mutter Natur den Dichtern und Künstlern schickt.

Überall ist der Frühling schön, aber am schönsten ist er im Libanon. Er ist der Geist eines unbekannten

Gottes, der mit raschen Schritten die Erde umkreist; sobald er den Libanon erreicht, verlangsamt er seinen Schritt und geht gemächlich weiter, indem er sich nach allen Seiten umschaut; er lauscht den Geistern der Könige und Propheten, die dort im Raum schweben, den Flüssen Judäas, welche die ewigen Hymnen Salomons wiederholen, und den Zedern, die sich vom Ruhm vergangener Jahrhunderte erzählen.

Beirut ist im Frühling schöner als zu den übrigen Jahreszeiten; es ist befreit sowohl vom Schlamm des Winters als auch vom Staub des Sommers. Zu dieser Zeit erscheint die Stadt zwischen den Regenfällen des Winters und den Hitzewellen des Sommers wie ein hübsches junges Mädchen, das sich im Meer gebadet und dann ans Ufer gesetzt hat, um ihren schönen Körper unter den Strahlen der Sonne zu trocknen.

Gebrochene Flügel, 193

Komm, pflücken wir
die Früchte der Erde

Wenn ich morgens durch die Felder ging, erblickte ich im Erwachen der Natur ein Symbol der Unsterblichkeit.

Gebrochene Flügel, 222

Ich betrachtete lange die schlafende Natur und sann über sie nach. Und ich entdeckte in ihr etwas, das keine Grenzen und kein Ende hat, etwas, das man nicht mit Geld kaufen kann, etwas, das weder die Tränen des Herbstes noch die Trauer des Winters auszulöschen vermögen, etwas, das man an den Seen der Schweiz und in den Gärten Italiens nicht findet. Ich entdeckte etwas, das im Frühling geduldig ausharrt und im Sommer Frucht bringt: Ich entdeckte in ihr die Liebe.

Eine Träne und ein Lächeln, 310

Wie schön und prachtvoll bist du, o Erde!

Wie vollkommen und edel ist deine Hingabe an das Licht, ist deine Unterwerfung unter die Sonne!

Wie erlesen ist dein Kleid aus Schatten und wie zart dein Schleier aus Finsternis!

Wie lieblich sind die Lieder deiner Morgenröte und wie erschreckend die Rufe deiner Nächte!

Wie vollkommen und erhaben bist du, o Erde!

Ich lief durch deine Ebenen und stieg auf deine Berge, ich durchwanderte deine Täler, kletterte auf deine Felsen und betrat deine Höhlen und Grotten. Ich erfuhr deine Träume in der Ebene, deinen hohen Sinn auf den Bergen, deine Ruhe in den Tälern, deine Entschlossenheit auf den Felsen und deine Verschwiegenheit in den Grotten und Höhlen.

Du bist heiter in deiner Macht, erhaben in deinen Tiefen und ohne Überhebung in deinen Höhen. Du bist sanft in deiner Entschlossenheit und offen in deiner Verschwiegenheit.

Erde und Seele, 790

Und als ich mich in meiner Vorstellung von allem Menschlichen gelöst und meine Einbildungskraft den Schleier der Materie von meinem Innersten entfernt hatte, fühlte ich meinen Geist wachsen und mich der Natur näher bringen; sie offenbarte mir ihre Geheimnisse und lehrte mich die Sprache ihrer Kreaturen.

Eine Träne und ein Lächeln, 350

Komm auf die Felder, meine Geliebte, denn die Tage der Ernte nahen! Die Saat reift, und die Sonne schenkt ihr die Vollendung durch die Strahlen ihrer Liebe.

Lass uns aufbrechen, ehe uns die Vögel zuvorkommen und die Früchte unserer Mühen ernten oder bevor ein Heer von Ameisen sich unseren Platz aneignet.

Komm, pflücken wir die Früchte der Erde, so wie unsere Seelen die Früchte des Glückes ernten, das aus der Saat der Treue sprießt, welche die Liebe in unser Herz säte.

Füllen wir unsere Speicher mit den Erträgen der Natur, so wie das Leben die Speicher unserer Erinnerung füllt.

Eine Träne und ein Lächeln, 289–290

Komm, entledige dich
aller Sorgen
und gieße sie in mein Herz

Es ist ein Erwachen in den tiefsten Tiefen der Seele. Es ist eine Idee, die den Geist des Menschen überfällt und seinen Blick öffnet, sodass er das Leben anders sieht. Er sieht es umgeben von einer Aureole, wie ein Lichtturm zwischen Himmel und Erde aufgerichtet, und es ist voller Melodien.

Es ist wie eine Flamme, die plötzlich im Innern auflodert, die das trockene Gras der Umgebung verbrennt und lodernd in den Raum aufsteigt. Es ist ein Gefühl der Sympathie und Zuneigung, die das ganze Herz erfüllt.

Die Stürme, 637–638

Wir hören den Saba, und unsere Herzen, die unter einer Winterdecke aus Kummer und Sorge schlummerten, erwachen aus ihrer Ohnmacht und Lethargie, und sie beginnen zu tanzen. Der Saba ist eine Melodie der Freude, welche die Trauer und Trübsal vertreibt. Der Wein wird eingeschenkt, und er wird mit Genuss getrunken.

Musik, 22

Den Dienstag empfand ich mehr als den heutigen Tag als meinen Geburtstag. Die Erfahrung solcher wenigen Stunden öffnet Türen zu einer neuen Wertschätzung der Freude und einer neuen Vision des Lebens.

An Mary Haskell, Briefe 81

Komm, entledige dich aller Sorgen und gieße sie in mein Herz!

An May Ziadeh, Briefe 260

Die Freundschaft und
die Sehnsucht sind Anfang
und Ende unserer Werke

Euer Freund ist die Antwort auf eure Bedürfnisse.

Er ist das Feld, das ihr mit Liebe besät und auf dem ihr mit Dankbarkeit erntet.

Er ist euer Tisch und euer Herd.

Denn ihr kommt zu ihm mit eurem Hunger und sucht Frieden bei ihm.

Wenn euer Freund offen mit euch redet, fürchtet weder das »Nein« eurer Meinung, noch haltet mit dem »Ja« zurück!

Und wenn er schweigt, möge euer Herz nicht aufhören, seinem Herzen zu lauschen. Denn in der Freundschaft werden alle Gedanken, Wünsche und Erwartungen ohne Worte geboren und geteilt – und mit einer Freude, die keinen Beifall erheischt.

Und wenn ihr vom Freund scheidet, so trauert nicht; denn was ihr am meisten an ihm schätzt, wird in seiner Abwesenheit klarer hervortreten, ebenso wie dem Bergsteiger der Berg von der Ebene aus deutlicher erscheint.

Und möge eure Freundschaft keinen anderen Zweck verfolgen als die Vertiefung des Geistes.

Denn die Liebe, die etwas anderes sucht als die Offenbarung ihres eigenen Mysteriums, ist keine Liebe, sondern ein ausgeworfenes Netz, mit dem man nur Unnützes und Wertloses einfängt.

Lasst eurem Freund nur das Beste zukommen!

Und wenn er die Ebbe eurer Gezeiten erfährt, so lasst ihn auch eure Flut erleben!

Denn was für ein Freund wäre er, suchtet ihr ihn nur auf, um Stunden totzuschlagen.

Sucht ihn vielmehr auf, um Stunden miteinander zu teilen!

Denn der Freund ist da, um euren Mangel zu beheben, und nicht, um eure Leere zu füllen.

Und zur Süße der Freundschaft geselle sich das Lachen und geteilte Freuden!

Denn im Tau der kleinen Dinge findet das Herz seinen Morgen und seine Erquickung.

Der Prophet, 912–913

Die Freundschaft und die Sehnsucht sind Anfang und Ende unserer Werke.

An Amin Gorayib, Briefe 33

Komm zu mir, mein Freund, denn ich möchte dich mit einem jungen Mann bekannt machen. Dein Herz wird sich über diese Begegnung freuen, und diese Bekanntschaft wird deinen Geist erfrischen.

Eine Träne und ein Lächeln, 343

Wo ist denn dein neuer Freund?«

»Ich bin es, mein Freund, ich bin es!«, erwiderte er.

Eine Träne und ein Lächeln, 344

Freundschaft ist immer eine angenehme Verantwortung, niemals eine günstige Gelegenheit.

Wenn du deinen Freund nicht bedingungslos verstehst, wirst du ihn niemals verstehen.

Sand und Schaum, 950

Trefft ihr euren Freund auf der Straße oder auf dem Marktplatz, so soll der Geist in euch eure Lippen bewegen und eure Zunge lenken!

Der Prophet, 913

Wir gehorchen
allein der Liebe

Der erste Blick

Das ist die Minute zwischen der Ekstase des Lebens und seinem Erwachen, der erste Funken, der die Zellen des Geistes entzündet, der erste zauberhafte Ton, der auf der ersten Saite der Laute des menschlichen Herzens erklingt, der Augenblick, der dem geistigen Ohr die Kunde verflossener Zeiten zurückbringt und dem Blick die Mysterien der Nächte enthüllt; er gleicht dem Wirken des Geistes in dieser Welt und dem Geheimnis der Unsterblichkeit in der zukünftigen Welt. Er ist die Saat, die Astarte von oben aussät, damit Augen sie in die Felder der Herzen säen, wo die Liebe sie tränkt und der Geist sie zur Frucht heranreifen lässt.

Der erste Blick der Geliebten gleicht dem Geist, der über den Fluten schwebte und aus ihnen Himmel und Erde erschuf. Der erste Blick der Geliebten gleicht dem Wort Gottes, wenn er sagt: »Sei!«

Eine Träne und ein Lächeln, 374–375

Der erste Kuss

Er ist der erste Schluck aus dem Glas, das die Götter am Paradiesfluss der Liebe füllten. Er ist die Grenze zwischen dem Zweifel, der das Herz betrübt, und der Gewissheit, die es beflügelt. Er ist der Beginn einer Hymne, das erste Kapitel aus dem Roman des neuen Menschen, das Verbindungsglied zwischen den Wundern der Vergangenheit und der Seligkeit der Zukunft, zwischen dem Schweigen der Gefühle und ihrem Lobgesang.

Er gleicht der zarten Berührung der Brise, die mit ihren Fingerspitzen sanft über die Blütenblätter der Rose gleitet. Er ist der Beginn magischer Erschütterungen, welche die Geliebten aus der Welt der Fakten herausführen in die Welt der Phantasien und Träume.

Und wenn der erste Blick der Saat gleicht, die die Göttin der Liebe ins Feld des menschlichen Herzens sät, so gleicht der erste Kuss der ersten Blüte am ersten Zweig des Lebensbaums.

Eine Träne und ein Lächeln, 374–375

Die Vereinigung

Nun beginnt die Liebe, des Lebens Prosa zu schreiben aus den Geheimnissen, welche die Tage singen und die Nächte psalmodieren. Die Sehnsucht hebt den Schleier von den Ungereimtheiten des Lebens und schafft aus den geringsten Anlässen zur Freude ein Glück, das nur vom Glück der Seele übertroffen wird, die ihrem Schöpfer begegnet …

Die Vereinigung ist die Fusion zweier Gottheiten, um eine dritte zu schaffen. Sie ist die Verbindung zweier Kräfte, in der Liebe gestärkt, die einem Feind gegenübertreten müssen, der vom Hass geschwächt ist. Sie ist eine Mischung aus weißem und rotem Wein zu einem Getränk von der Farbe der Morgenröte. Sie ist das goldene Glied in einer Kette, deren erstes ein Blick und deren letztes Glied die Ewigkeit ist. Sie gleicht erfrischendem Regen, der vom Himmel auf die heilige Erde fällt, um ihre Kraft zu erneuern. Und wenn der erste Blick der Geliebten der Saat gleicht, welche die Göttin der Liebe ins Feld des Herzens streut, und der erste Kuss von ihren Lippen wie die erste Blüte am Zweig des Lebens ist, so gleicht die Vereinigung der ersten Frucht aus der ersten Blüte dieser Saat.

Eine Träne und ein Lächeln, 374–375

Wenn die Liebe dir winkt, so folge ihr, mögen ihre Wege auch hart und steil sein!

Und wenn dich ihre Flügel umfangen, so überlass dich ihr, mag auch das Schwert, das sie unter ihrem Gefieder verbirgt, dich verwunden.

Und wenn die Liebe zu dir spricht, so vertraue ihr, selbst wenn ihre Stimme deine Träume zerschlägt, wie der Nordwind den Garten verwüstet.

Denn wie die Liebe dich krönt, so wird sie dich auch kreuzigen, und wie sie dich entfaltet, so wird sie dich auch beschneiden.

Und wie sie sich zu deinen Höhen erhebt, um deine zartesten Zweige, die in der Sonne zittern, zu liebkosen, so steigt sie auch hinab zu deinen Wurzeln, die sich an den Erdboden klammern, um sie aufzurütteln.

Wie eine Korngarbe liest sie dich auf und drischt dich, um dich zu entblößen. Sie siebt dich, um dich von deiner Spreu zu befreien, sie zerreibt dich, bis du weiß wirst, und knetet dich, bis du geschmeidig bist.

Dann übergibt sie dich ihrem heiligen Feuer, damit du heiliges Brot wirst für Gottes heiliges Festmahl.

All dies wird die Liebe dir antun, damit du die Geheimnisse deines Herzens erkennst, und dank dieser Erfahrung ein Teil vom Herzen des Lebens wirst.

Doch wenn du in deiner Kleinherzigkeit nur der Liebe Lust und Frieden suchst, dann tust du besser daran, deine Blöße zu verhüllen und die Tenne der Liebe zu vertauschen mit der Welt ohne Jahreszeiten, wo du lachen wirst, aber nicht dein ganzes Lachen, und wo du weinen wirst, aber nicht all deine Tränen.

Liebe verschenkt nur sich selbst und nimmt nur von sich selbst.

Weder will sie besitzen, noch lässt sie sich besitzen, denn Liebe genügt der Liebe.

Und wenn du liebst, sag nicht: Gott ist in meinem Herzen. Sag vielmehr: Ich bin im Herzen Gottes.

Glaube nicht, dass du den Lauf der Liebe lenken kannst; es ist die Liebe, die deinen Lauf lenkt, wenn sie dich für würdig hält.

Liebe hegt keinen anderen Wunsch, als sich zu erfüllen. Doch wenn du liebst und dennoch Wünsche hast, so seien es diese:

zu schmelzen und einem fließenden Bach zu gleichen, der sein Lied der Nacht singt;

den Schmerz zu großer Zärtlichkeit zu erkennen; verwundet zu sein von deinem eigenen Verständnis der Liebe, und freiwillig und freudig zu bluten;

beim Morgenrot mit frohem Herzen zu erwachen und Dank zu sagen für einen neuen Tag der Liebe;

zur Mittagszeit zu ruhen und den Verzückungen der Liebe nachzusinnen;

abends dankbar heimzukehren und einzuschlafen mit einem Gebet für die Geliebte im Herzen und auf den Lippen einen Lobgesang.

Der Prophet, 888–889

Die himmlische Liebe kennt keine Eifersucht, denn sie ist überreich. Sie fügt dem Körper keine Schmerzen zu, denn sie lebt im Geist und durch den Geist. Sie ist eine tiefe Zuneigung, welche die Seele mit Heiterkeit erfüllt.

Sie ist ein Hunger nach Einklang und Harmonie, der sich des Herzens bemächtigt, ein Gefühl, das die Sehnsucht in unseren Seelen weckt, ohne sie zu beunruhigen. Sie lässt uns die Erde als Paradies erscheinen und das Leben als einen schönen Traum.

Gebrochene Flügel, 222

Erzählt mir, ihr Menschen, ob es jemanden unter euch gibt, der nicht aus dem Schlaf des Lebens erwacht, wenn die Liebe seinen Geist mit Fingerspitzen berührt?

Die Stürme, 556

Ich glaube, dass deine Liebe fähig ist, die Kräfte wirksam zu machen, die Gott mir anvertraut hat, damit sie sich in Worten und Werken verkörpern, so wie die Sonne die duftenden Blumen des Feldes wachsen und blühen lässt.

Eine Träne und ein Lächeln, 397

Es ist wahr, die Menschen werden unsere Geschichte nicht glauben, denn sie wissen nicht, dass die Liebe die einzige Blume ist, deren Wachsen und Blühen sich nicht den Jahreszeiten unterwirft.

Gebrochene Flügel, 214–215

Wie seltsam ist die Zeit, und wie sonderbar sind wir! Die Zeit änderte sich und veränderte uns. Sie schritt fort und setzte uns gleichzeitig in Bewegung.

Gestern noch beklagten wir uns über die Zeit und fürchteten sie. Und heute beginnen wir, sie zu lieben und zu begehren; ja, wir beginnen sogar, ihre Natur zu verstehen und ihre Geheimnisse zu begreifen.

Gestern noch waren wir ein Spielball in der Hand des Schicksals. Heute sind wir es, die mit ihm spielen und scherzen; wir gehen voran, und das Schicksal folgt uns.

Gestern beugten wir unsere Häupter vor den Herrschern. Heute neigen wir uns einzig vor der Wahrheit, wir folgen nur der Schönheit und gehorchen allein der Liebe.

Die Stürme, 577

Ich gab dir Samen, und sie wurden zu Blumen, Setzlinge, und sie wurden Bäume, denn du bist ein jungfräuliches Feld, Geliebte, auf dem Rosen und Lilien wachsen, Zedern und Zypressen.

Eine Träne und ein Lächeln, 381

Ihr und euer Nächster sind zwei Samenkörner, die ins gleiche Feld gesät sind. Zusammen werdet ihr aufwachsen und euch gemeinsam im Winde wiegen. Und keiner von euch wird das Feld für sich alleine beanspruchen.

Jesus Menschensohn, 1025

Steh auf, und lass uns von hier aufbrechen, Geliebter, weit weg von den Menschen! Im Schutz der Finsternis verließen die Liebenden den Ort, und sie fürchteten weder den Zorn des Emirs noch die Geister der Nacht.

Erde und Seele, 797

Miriam aber bat ihn mit ihren Blicken, bei ihnen zu bleiben, denn seit seiner Ankunft in dieses arme Haus – als er zwischen Leben und Tod schwankte – spürte sie durch sein Dasein eine göttliche Kraft in ihrer Seele, die ihrem Herzen neues Leben und Licht verlieh und beglückende Gefühle in ihrem Innersten weckte.

Zum ersten Mal in ihrem Leben fühlte sie diese Kraft, die das lautere Herz eines jungen Mädchens in eine weiße Rose verwandelt, die sich am Morgentau erquickt und süßen Wohlgeruch verströmt.

Rebellische Geister, 146

Wir werden erwachen
im Morgenrot
einer neuen Welt

Unser Tagwerk ist beendet. Du kannst dich nun ausruhen von den Mühen dieses Tages, meine kleine Freundin, bis das Morgenrot eines neuen Tages anbricht.

Der Unsichtbare, 1324

Der Morgen dämmerte, die göttliche Stille zitterte beim Vorbeiziehen der Morgenbrise und veilchenfarbenes Licht strömte in die leichte Luft.

Die Erde lächelte das Lächeln eines Schlafenden, der im Traum das Bild seiner Geliebten sieht.

Die Vögel kamen aus den Mauerspalten hervor, flogen zwitschernd über Säulen und Ruinen und kündigten den neuen Tag an.

Die Nymphen der Täler, 39

Als der Morgen kam, war der Sturm vorbei, die Wolken hatten sich zerstreut, und Felsen und Wälder erschienen im neuen Schmuck des Sonnenlichts.

Die Stürme, 640

Wenn euch Dunkelheit umgibt, sagt euch: Diese Dunkelheit ist der noch nicht geborene Morgen; wenn ich jetzt unter den Geburtswehen der Dunkelheit leide, so wird schon bald die Morgenröte über mir aufgehen wie über den Hügeln.

Rückkehr des Propheten, 1247

Nun will ich aufbrechen,
mich Raum und Zeit entziehen,
ich will tanzen
auf freiem Feld,
und die Füße einer Tänzerin
werden sich tanzend
mit mir drehen;
ich will singen
in den Höhen,
und in meiner Stimme
wird eine menschliche
Stimme widerhallen.

Wir werden hinüberziehen
ins entfernte Abendrot
und wohl erwachen
im Morgenrot
einer neuen Welt.
Aber die Liebe
wird bleiben,
und ihre Spuren
werden nicht verlöschen.

Die heilige Esse brennt,
die Funken fliegen,
und jeder Funke
ist eine Sonne.
Es ist ratsam, Brüder,
uns einen schattigen
Winkel zu suchen,
und zu schlafen
in unserer Erdengöttlichkeit,
lasst die Liebe,
menschlich und zart,
den neuen Tag regieren!

Die Götter der Erde, 1181–1182

Wenn dieser Tag zu Ende ist, werde ich ein wenig schlafen; dann erscheint der neue Tag in anderem Licht.

Der Unsichtbare, 1318

Die Traumbilder der Nacht beschwören Unglück und Elend herauf. Doch beim Anbruch der Morgenröte lösen sich die schrecklichen Bilder auf. Du spürst neue Kräfte in dir und vertraust deiner Hoffnung.

Rebellische Geister, 78

Der Dezember ging zu Ende und das scheidende Jahr hauchte seine letzten Atemzüge in den bleigrauen Himmel. Es nahte die Nacht, in der das neue Jahr gekrönt wird und den Thron des Seins einnimmt.

Rebellische Geister, 127

Ich hoffe, dass dieses neue Jahr Ihre Hände mit Sternen füllt.

An May Ziadeh, Briefe 218

Ich gratuliere dir nicht zum neuen Jahr, sondern ich gratuliere dem neuen Jahr zu dir. Und ich wünsche dir nicht, was sich die Leute gegenseitig wünschen, sondern ich wünsche den Leuten etwas von deinem Reichtum. Du bist reich mit dir, und ich bin reich mit dir. Gott erhalte dich deinem Bruder.

An Amin Rihahi, Briefe 172

Wenn sich die Tore
der Ewigkeit öffnen

Empfange meine letzten Atemzüge und lass uns aufbrechen, Selim! Die Liebe hat ihre Flügel ausgebreitet und schwebt vor uns her in die Sphären des Lichts.

Rebellische Geister, 123

In mir wohnt, der mich erschuf und mein Herz weit machte; in mir ist der Tod und das Grab, die Erneuerung und Auferstehung.

Erde und Seele, 853

Lass mich aufbrechen und davonfliegen, denn die Flügel meiner Seele haben die Stäbe dieses Käfigs schon zerbrochen.

Gebrochene Flügel, 250

Wird der Frühling unseres Lebens ein zweites Mal zurückkehren? Werden wir uns freuen mit den Bäumen und lächeln mit den Blumen? Werden wir hinter den Bächen herlaufen und singen wie die Vögel, so wie wir es machten, als Butros noch lebte?

An Nachle Gibran, Briefe 47

Im Wald gibt es weder Tod noch Gräber;
wenn auch der April vergeht,
so nimmt er die Freude nicht mit.
Die Angst vor dem Tod ist Illusion,
die sich im Herzen verflüchtigt;
wer einen Frühling lang lebte,
gleicht dem,
der eine Ewigkeit gelebt hat.

Der Reigen, 491

Jener gute Geist hat sich befreit und ist in eine Welt aufgebrochen, die wir ahnen, aber nicht begreifen. Sein Aufbruch ist eine Mahnung an die Hinterbliebenen, die sich noch in den Fängen der Tage und Nächte aufhalten.

Diese edle Seele hat sich befreit von den Mühen und Beschwerden der Arbeit. Sie ist dahin aufgebrochen – eingehüllt in das Gewand seines Ruhmes –, wo sich das Handeln über die Beschwerden und Mühsale erhebt.

Erde und Seele, 803

Trauere nicht um mich, mein Kind, ich habe lange genug gelebt, um dich als Frau heranwachsen zu sehen, und es ist meine Genugtuung, dass ich nach meinem Tod in dir weiterleben werde. So ist es gleichgültig, ob ich heute, morgen oder übermorgen aufbrechen werde, denn unsere Tage sind wie Herbstblätter, die fallen und wieder wachsen vor dem Angesicht der Sonne. Und wenn ich der Stunde des Todes freudig entgegeneile, so ist es, weil ich mich nach der Wiederbegegnung mit deiner Mutter sehne.

Gebrochene Flügel, 247

Warten, warten, dass jede Jahreszeit eine andere ablöst, und dann wieder warten, dass auch diese in eine neue Jahreszeit übergeht.

Mitansehen müssen, wie alle Dinge an ihr Ende gelangen, bevor unser eigenes Ende kommt, das gleichzeitig unser Neubeginn ist!

Lazarus und seine Geliebte, 1280

Meine Blicke wandern bis zu dem, was hinter dem Meer liegt, und ich sehe das grenzenlose Firmament mit den zahlreichen im Weltraum kreisenden Welten, die leuchtenden Sterne, die Sonnen und Monde, die Planeten und Fixsterne und alle entgegenstreitenden und sich versöhnenden Mächte von Anziehung und Abstoßung, geschaffen und getragen von dem zeit- und grenzenlosen Willen, sich dem universellen Gesetz unterwerfend, dessen Anfang ohne Anfang und dessen Ende ohne Ende ist.

Eine Träne und ein Lächeln, 411

Tatsächlich gibt es zwischen der Welt des Sichtbaren und der Welt des Geistigen einen Weg, den wir im Zustand der Bewusstlosigkeit und Ekstase betreten. Dann kehren wir zurück, und unsere Handflächen sind reich gefüllt mit Samen, die wir in die Erde unseres täglichen Lebens werfen, wo sie als gute Handlungen und ewige Worte aufwachsen. Ohne diese offenen Wege zwischen unserem Geist und den himmlischen Geistern wäre nichts aus der Menschheit hervorgegangen – weder ein Prophet, noch ein Poet, und kein Wissender wandelte unter ihnen.

Erde und Seele, 847

Könnten sich die Tore der Ewigkeit nicht wenigstens für eine Minute öffnen, damit wir sehen, was sie an Geheimnissen und Mysterien verbergen?

An May Ziadeh, Briefe 206

So wird mein Vater die Tore Seiner Wohnung allen öffnen, die daran klopfen, den Heiden ebenso wie euch, denn Sein Ohr lauscht der neuen Melodie mit der gleichen Liebe und Freude, die Er für das oft gehörte Lied empfindet, und Er heißt das jüngste Lied besonders willkommen, denn es lässt eine neue Saite in Seinem Herzen anklingen.

Jesus Menschensohn, 1088

Textnachweis

Khalil Gibran, Sämtliche Werke, herausgegeben von Ursula und S. Yussuf Assaf. Düsseldorf 2003

Khalil Gibran, Sämtliche Werke in 5 Bänden, übersetzt, mit Nachwort versehen und herausgegeben von Ursula und S. Yussuf Assaf. Band 5: Briefe. Ostfildern 2013

VERLAGSGRUPPE PATMOS

PATMOS
ESCHBACH
GRÜNEWALD
THORBECKE
SCHWABEN
VER SACRUM

Die Verlagsgruppe
mit Sinn für das Leben

Die Verlagsgruppe Patmos ist sich ihrer Verantwortung gegenüber unserer Umwelt bewusst. Wir folgen dem Prinzip der Nachhaltigkeit und streben den Einklang von wirtschaftlicher Entwicklung, sozialer Sicherheit und Erhaltung unserer natürlichen Lebensgrundlagen an. Näheres zur Nachhaltigkeitsstrategie der Verlagsgruppe Patmos auf unserer Website www.verlagsgruppe-patmos.de/nachhaltig-gut-leben

4. Auflage 2025

Verlagsgruppe Patmos in der Schwabenverlag AG,
Senefelderstr. 12, 73760 Ostfildern
kundenservice@verlagsgruppe-patmos.de
www.patmos.de

Umschlaggestaltung: Finken & Bumiller, Stuttgart
Satz: Schwabenverlag AG, Ostfildern
Druck: Finidr s.r.o., Český Těšín
Hergestellt in Tschechien
ISBN 978-3-8436-0500-7

Was uns erwartet

Khalil Gibran
Nur ein Geheimnis des Lebens
Über den Tod und die Hoffnung darüber hinaus
Ausgewählt und übersetzt von Ursula und S. Yussuf Assaf

12 × 19 cm
96 Seiten, zweifarbig
mit orientalischen Ornamenten
Hardcover
ISBN 978-3-8436-0237-2

»Möglicherweise ist ein Begräbnis unter Menschen ein Hochzeitsfest unter Engeln.« Khalil Gibran

Das edel gestaltete Buch vereint die schönsten Texte aus dem Gesamtwerk Gibrans rund um die Themen Vergänglichkeit, Tod und Sterben und über die Hoffnung auf ein neues jenseitiges Leben. Gibrans Texte nehmen dem Tod seinen Schrecken, spenden Trost und ermutigen die Leserinnen und Leser, sich selbst gelassen mit dem Sterben auseinanderzusetzen. Ein wertvolles Geschenk für Trauernde!